秋山具義の
#ナットウフ朝食

せめて朝だけは糖質をおさえようか

はじめに

　だいたい、ダジャレから入るんですよ。なんでも。「納豆」と「豆腐」で「ナットウフ」というワードがある朝フッと頭に浮かんできたんです。そして直感で、あ、これはカラダにいいかもと思い、冷蔵庫のなかにあった納豆と豆腐、それだけだと味気ないかなと、卵も取り出して作ったのがナットウフ朝食の始まりです。

　炭水化物抜きダイエットが流行った時に、一時期ランチで実行していたことがあります。「いきなりステーキ」でライスなしで肉だけ、「吉野家」で肉皿にカレーかけたり、「大阪王将」で餃子一皿だけ、極めつきは「CoCo壱番屋」でチキンカツカレーのライス抜きにナスをトッピングしたりしていました。そうしてしばらくしたら、体重も3～4キロ落ちてウエストもスッキリしました。効果はあったのですが、続けられない。やっぱり麺は食べたくなるし、餃子とかもそうですが、カレーにライスなしってやっぱりありえないんですよね(笑)。『炭水化物が人類を滅ぼす　糖質制限からみた生命の科学』(夏目睦著・光文社新書)という仰々しいタイトルの本を読んだ時に、なるほど～と感心したことがありました。汚い話ですが、酔っ払って吐いた時に、固形物として出てくるのは麺やご飯がほとんどで、肉や魚は出てこない。つまり、炭水化物は肉や魚より消化するのに時間がかかる(カラダは、糖質を燃やさないと糖質を燃やせない仕組みになっている)そうで、ということは糖質がカラダのなかに残っちゃうから、太るんだと。糖質をカラダに入れなければ痩せられるという理論ですよね。結局、夜にこの炭水化物抜きダイエットを完璧に実行すれば自分は確実に痩せると思います。人によっては糖質を抑えても痩せない人はいるらしいですけどね。

　夜が焼肉や焼鳥の時にメのご飯ものを我慢するのはけっこうできるのですが、僕は寿司が大好きでよく行くので、そこで炭水化物抜きはありえないじゃないですか。なので、夜はできる時は炭水化物抜きにするけど無理はしない。昼は定食や丼や

カレーの時にご飯少なめにする。というゆるいルールを決めたことにより、精神的な辛さから脱却できました(笑)。

　1日の3食のうち、2食は「ゆる炭水化物控えめ」なので、あと1食の朝ごはんを炭水化物を抜くことに決めました。それが「ナットウフ朝食」なのです。

　朝食を作るという行動が、料理が苦手だからとか、朝から面倒くさいとか思う人もいると思います。僕自身は料理がすごく得意ということではなく、休日にパスタやチャーハンなど簡単なものを作ったり、子どもが幼稚園の時にお弁当で見た目重視なキャラ弁や流行り物のおにぎらずを作る程度で、ちょっと難しいものを作る時はつねにクックパッドに頼るような人間です。ですので、「ナットウフ朝食」は、料理を作るぞ！ということよりも、一日の始まりに冷蔵庫のなかにある食材でなにを作るか直感で考えて、なるべく時間をかけず調理する、朝一番のクリエイティブ活動、「朝活」だと思ってください。脳の準備体操になって、スッキリ一日がスタートできます。

　「ナットウフ朝食」は、プレッシャーを感じずにやることが続けるコツです。絶対に毎日続けなきゃ……とかは思わないで少しゆるくやること、そして、インスタグラムやツイッターやフェイスブックなどのSNSにアップして周りの人たちに見てもらうことで、続けられるのです。
　この本の料理写真や写真に付いている言葉は、僕がインスタグラムにアップした「ナットウフ朝食」の記録です。
　子どもの頃、なんでも三日坊主で日記なども続けられなかった僕がこれだけ続けられているのは、「ナットウフ朝食」が作って、食べて、見てもらって、楽しいからだと思います。

秋山具義

CONTENTS

2　はじめに

CHAPTER 1　キャラナットウフで朝食を楽しく

12　キャラナットウフ
20　トリ型って使える
22　あのキャラも登場

COLUMN 1
24　ナットウフで季節を彩る

CHAPTER 2　WHY ナットウフ？

26　僕がナットウフ朝食をやる理由
28　納豆の実力をあなどるべからず
30　豆腐をご飯の代わりにしちゃおう
32　卵のいいところ
34　ナットウフ朝食のコツ

COLUMN 2
38　外食でもいけちゃうぞ！

CHAPTER 3　卵って意外と主役だ

40　目玉焼き
　42　カリカリチーズ目玉焼き
　44　ハート型目玉焼き
　46　いろんな目玉焼き
　50　スペイン風目玉焼き
　51　ガレット風目玉焼き
　52　ベーコン＆ハムエッグ
53　卵焼き
　54　希少糖入り卵焼き
　55　牛しぐれ煮入り卵焼き
56　オムレツ
　58　納豆オムレツ
　59　納豆オムレツ　ケチャマヨソース
60　スクランブルエッグ
　62　bills風スクランブルエッグ
　64　豆乳スクランブルエッグ
　65　スクランブルエッグにトッピング
66　ゆで卵
　68　ソース on ゆで卵
　69　半熟ゆで卵
70　エッグインクラウド

COLUMN 3・4・5
72　冷凍卵からの温泉卵の作り方
73　漬け黄身の作り方
74　ご飯の友オンザ豆腐

CHAPTER 4 大豆兄弟 ナットウ＆トウフ

- 76 豆腐はキャンバスだ
  - 77 豆腐に柚子胡椒・ラー油
  - 78 豆腐にカレー・じゃこ
  - 79 豆腐に鰹節粉＆青海苔・生姜
  - 80 豆腐に鮭ルイベ漬＆いくら醤油漬・うなぎ
  - 81 豆腐にマヨ卵・漬け黄身
- 82 チーズ豆腐ステーキ
  - 84 とろけるチーズ豆腐ステーキ
  - 86 納豆ペースト＆納豆炒め
- 88 味噌汁リメイク
- 93 スープ

COLUMN 6・7・8・9・10

- 96 楽しくする道具
  - トリ型ゆで卵メーカー
  - ハート型目玉焼きリング
  - スマイル型オムレツリング
  - バルミューダ ザ・トースター
- 100 楽しくする皿

CHAPTER 5 ナットウフ朝食応用編

- 102 ナットウフお好み焼き
- 106 ナットウフグラタン
- 110 ナットウフ軍艦巻き
- 111 ナットウフサラダ
- 112 そのほかのナットウフ

COLUMN 11・12・13

- 114 こだわりの納豆
- 115 こだわりの豆腐
- 116 こだわりの卵

117 GUGI's CHOICE

126 おわりに

6 桃 × 田中里奈 × 秋山具義
ナットウフ朝食 スペシャル対談

【本書のルール】
●計量の単位は、1カップ＝200㎖、大さじ1＝15㎖、小さじ1＝5㎖です。 ●電子レンジは指定がある場合を除いて1300wを使用しています。 ●材料の分量に記した個数・本数などは一人分の目安です。作りやすい量に増減してください。 ●調味はあくまでも目安なのでお好みで調整してください。

桃 × 田中里奈 × 秋山具義

**ナットウフ朝食
スペシャル対談**

——インスタグラムが作品発表の場

里奈　具義さんのインスタグラムってすごくって、最近みかんアートがきっかけですごくフォロワー数が増えたんですよね。ボッテガ・ヴェネタ風みかん[1]とか、あと草間弥生風[2]とか。いまのナットウフ朝食はインスタ見て、フェイスブック見て、ツイッターで流れているから3回ぐらい見てます(笑)。

桃　(ナットウフ朝食のインスタをチェックしながら)そういえばこのコ抜けてません？

里奈　ナットウフ朝食の最初はコレ[3]っていうのがおもしろい。原点ですね。「真夏のビーチのギャルをイメージ」って書いてあって(笑)。

具義　男前豆腐店のグラサンドーフを見て、なにか作りたいと思ったんだ(笑)。

里奈　2014年7月から始まったんですね。朝インスタで流れてナットウフ朝食見るとテンション上がりますね。なんか朝が来たなって。キャラもの見るとルンとなったりとかします。

具義　前日遅くまで飲んでいたのに(笑)。夜はすごい食べたり、呑んだりするじゃない？

里奈　そうそう。数時間後にナットウフ朝食やっていたり、ほんと、すごすぎると思いますよ。

——納豆ってどうやって食べてる？

桃　納豆は大好きで絶対冷蔵庫に入っています。

里奈　ナットウフ朝食は作ったことはないです(笑)。

桃　納豆といえば大概は納豆とご飯です。

里奈　私はもずく派です。ノーご飯で。味つけした納豆をもずく酢に入れるだけなんだけど、超おいしい。

1

2

3

具義　納豆だけでもいいっちゃ、いいんだよね。納豆と豆腐ってもとは大豆で一緒じゃない？　だから合わないハズはない。

桃　どこの納豆が好きとかあるんですか？　私は小粒が好き。

里奈　わかる〜。

具義　地元の神田明神で売っている「芝崎納豆」はめちゃくちゃおいしい。あと、オカメ納豆の「副将軍納豆」というのが海苔ふりかけつきで、それは結構おいしかった。ナットウフ朝食やっていたら、知り合いがわらの納豆をくれたことがあって、すごく美味しい、わらの納豆って豆の味がすごく濃くて。

桃　大豆感♪

具義　納豆は火を通すとにおうから多少家族に嫌がられている(笑)。「バルミューダ ザ・トースター」が来てからバリエーションが増えました。このグラタンはかなり美味しいよ。グラタン皿に豆腐と卵を適当に粗く溶いたものとちょっと醤油をたらして、さらに納豆とピザ用とろけるチーズをその上からおいてオーブンに入れるだけなんだけど。すごく簡単。1300wで8分。水はいれちゃだめ。

桃　「バルミューダ ザ・トースター」は具義さんに影響されて買いました。私たちも影響されたひとりですね。

具義　これは、うにをもらって、軍艦巻き⁶をやろうと思って作った。これもなかは豆腐なんだけど、そういうのがおもしろい。ナットウフ朝食は絵を描いたりオブジェを創ったりする感覚に近いかな。

里奈　ちなみに納豆って味つけして調理してるんですか？

具義　入れる場合もあるし、入れない場合はほかの味をつけている。グラタンはちょっとタレ入れるかな。納豆とマヨネーズでソース作る時や味噌汁の時タレは入れない。特にひきわり納豆とマヨはソースになる。

里奈　「納豆がソース」っていう発想すごいね。新しい！　納豆はソースだ。

具義　納豆のバリエーションを考えていくと、とりあえずソースにすればいいやっていう発想になっている。

桃　奥様が必ず納豆と豆腐は冷蔵庫に入れておいてくれるんですね。

具義　いろんな納豆のバリエーションがあるから、なにが冷蔵庫に入ってるかわからない感があるのがいい。とりあえずあるもので作る。ちなみにこの本は関西では売れないんじゃないかと(笑)。それはそれでおもしろいかな。あ、このひまわりのようなナットウフ朝食⁵はめちゃめちゃ時間がかかるから、時間があるときしか作れない。納豆は混ぜると糸がひくから混ぜてない。あと濃いめの色が欲しいから濃い色の納豆を使ったんだよね。

桃 　もう趣味ですよねー。遊び心がすごいです（笑）。

里奈　朝ご飯ってやっぱ流動的に作りがちなんですけど、そんな見逃しがちなところに注目している具義さんっぽい遊び心がすごい好き。

具義　朝の「脳活」というか、朝あえてなにを作ろうかな、どういう盛りつけにしようかなとか仕事の前の準備体操になる。結局こういうのSNSでアップしないと続かないというか。ひとりで写真も撮らずにやるというのはね。キャラ弁とか作っている人はそうじゃない？

里奈　具義さんのお気に入りトップ3ってなんですか？

具義　お気に入りか。最近トリの型で作ったやつ、さっき話した枝豆を使ったひまわりみたいのも好きだし。

桃 　<u>帽子をつけてちゃんと違う料理</u>[6]に変えてるんだ。

具義　明太子でね。

──卵料理には新発想のレシピがたくさんある

桃 　あと、卵を合わせるのが意外だったんですよね。夜は冷奴の上に納豆とかキムチとかをのせて食べるけど、ナットウフ朝食はさらに卵もあるんですね。

具義　この本も卵で章があるほど、バリエーションが作れるんだよ。あと卵がすごい好きで、むしろ本当に時間がない時は納豆も豆腐も食べずにゆで卵だけ食べることもけっこう多いから。

桃 　あと、漬け黄身の完成度の高さにいつも感心している。具義さんのを見て私も何回か作っているんですけど、あんなにうまくいかないです。

具義　おちょこよりちょっと大きい器で作るといいよ。

桃 　ひとつずつ作っているんですか。

具義　そう。

桃 　だからだ。2～3個で作るとくっついちゃって。溶けちゃう。

具義　おちょこのちょっと大きいのに黄身だけ入れて、しょうゆを小さじ2弱とみりんを小さじ1/2入れて、冷蔵庫に入れとくと朝固まっているから。

桃 　よかった、聞いてみて。作ってみます。一応結婚してるし（笑）。

具義　桃ちゃんの料理食べたことないけど、料理がすごくうまいって聞きます。

里奈　桃ちゃん、ちゃちゃっと作って上手。

具義　あと卵ものってネットでさ、新しい作り方が出てくることが多くて、冷凍卵というのもそう。生卵を冷凍庫に入れておくだけなんだけど、膨張して割れるから

6

8

ジップロックに入れて冷凍庫に入れておいて、凍ったまま沸騰したお湯で1分ゆでて火から下ろして5分したら水で3分冷やすと温泉卵みたい[7]になる。
桃　白身はこんな感じになるんですか？
具義　そうそう。なんかおもしろいよ。固まってそれが溶けていくんですが、すごいカンタンにできる。基本夜中に酔っぱらって帰ってきて下準備することが多いかな。

──ご飯の代わりに豆腐がブームの予感

里奈　納豆これだけ食べたらお通じよさそうですね。
具義　もともと便秘じゃないので、でも健康ですね。『炭水化物は人類を滅ぼす 糖質制限からみた生命の科学』という本を読んだ時に著者が豆腐をご飯代わりにするというのが書いてあって、要するにカレーの時とかも豆腐にカレーをかけて食べているようなことなんだよね。「一風堂」も最近麺の代わりに豆腐を入れた麺なしラーメン「白丸とんこつ百年豆腐」(2016年3月31日までの限定販売)やラーメン二郎インスパイア系の「立川マシマシ」という店でも麺の代わりに豆腐に変えられるらしくて。最近豆腐を麺の代わりに変えるというのが徐々に(流行が)きているような気がします。鮭ルイベ漬とかいくら醤油漬とかうなぎとか漬け黄身とか味が濃いのと豆腐は合うんだよね。つまり、ご飯に合うのは豆腐でも合うんじゃないかと思う。

──楽しくなる道具があるとクリエイティブ会議が始まる

具義　このゆで卵をトリにする型は、広尾にある「ナショナル麻布スーパーマーケット」で買ったんだけど、おもしろいよ。ゆでて殻をむいてパチンとはめて5分ほどしたら型になる。足をさすと自立する(笑)。
桃　なんか、いいこと思いついた！ これを半分に割ってキスしているみたいにするのはどうですか？
具義　割らなくても足がふたつあるから2羽分できる。ふたりの案ということで。納豆と豆腐どうしたらいいかな。
桃　納豆で♡を作るしかないかな。豆腐の上に桜デンブは？
里奈　それ、かわいい。
具義　じゃあ明日の朝、キスカップルトリ作ってみるね[8]。それと、たまにゆで卵って殻がくっついちゃうことあるじゃない？ そういう時はすごいショックで、違うものを作ったりして。

桃　ゆで卵が絶対ツルっとむける器具があるの知ってますか？
具義　この間なんかで見たかな。針で小さな穴を空けてゆでるんだよね。ほかにも卵をゆでてコップに水を半分ぐらい入れてふって殻を割るやり方もあるんだけど、たまにしかうまくいかないんだよね(笑)。ゆで卵自体だとそんなことないけど、トリの形にすると残酷になるよね、リアルだからかな。なんか命がというかいまにも動き出しそうで。
里奈　海苔で目もつけているんですね。海苔をつけてなかったらここまでのかわいさは出ないですよね。
具義　そうかも。なくても成立しているんだけど、ないとなんか表情がね。
桃　カップルの時は目を閉じたりしてみてください。
具義　いいね。ハムとかスライスチーズででっかい♡を作るのもありかな。チーズが意外と使える。本のなかで紹介しているカリカリチーズの目玉焼きは、中目黒の「モノポール」という店で目玉焼きを食べたいって言ったら目玉焼きの周りにピザ用チーズをバラバラとかけて作ってくれて、それがすごく美味しかったのでマネして作ったのがきっかけなんだ。
里奈　こういう芸術的な朝食ってないですよね。

──ナットウフ朝食とは？

里奈　具義さんにとってナットウフ朝食ってなんなんですか？
具義　うーん、なんなんだろ。仕事でもデザインしたりするじゃない。で、食べるのも好きじゃない。その両方合わせたようなもんのかな。朝一番にものを創るというか、これをやっとくとなんか(仕事に)入りやすい。
桃　さっきも言っていたけど、準備運動みたいな感じ。
具義　そうそう。ラジオ体操的な。きれいにできたり、思い通りにできた時はわりと調子がいい。占いとかさ、ゲンかつぎみたいな感じかもしれないですね。
里奈　そんな大きい問題になっているんですね。
具義　でも、作らない日もあるからね、テキトーなの。そんな本気でダイエットっていうわけじゃないから。プレッシャーをかけないようにしないと。小学生の時とか日記とか毎年買うけど、本当に3日でやめていたから(笑)。なんで続いているのかわからない。みんながおもしろがってくれるからかもしれない。会う人会う人に「納豆と豆腐のやつ、いつも見てますよ」とか言われるからかな。自分にも意外に続ける力があるんだなって思ったよ(笑)。

桃(もも)
3月12日生まれ。東京都出身。ブロガー。フジ系「あいのり」に出演。ブログの他ライフスタイルエッセイ本の出版や、byMシリーズ、Love Switchなどコスメ、ルームウエア「FASTASLEEP」など多数のプロデュースを手がける。半顔メイクも話題に。

田中里奈(たなかりな)
2月3日生まれ。広島県出身。モデル・アクセサリーブランド「Latina(ラティア)」のクリエイティブディレクター。ライフスタイル本の出版から企業やブランドとのコラボレーションやTV出演まで活躍。

CHAPTER 1

キャラナットウフで朝食を楽しく

まずは見た目から、ナットウフを楽しんじゃいましょう。キャラ弁ならぬ、キャラナットウフ。目や鼻や口ができてくるとナットウフに命が吹き込まれていきます。

CHAPTER 1

キャラナットウフ Character Nattofu

　自分に似せたり、猫にしてみたり、好きなキャラクター風にしてみたり、市販の型を使ってゆで卵をトリにしてみたり、イマジネーションを働かせてキャラナットウフを作ってみましょう。

キャラナットウフで朝食を楽しく

牛そぼろがあったので、納豆と混ぜて、俺風に

今日もスマイルで行きましょう！

CHAPTER 1

サラミがあったので、ドクロナットウフ。まいう〜

2月22日。
今日の猫の日ナットウフ朝食

「ねこあつめ」に影響されて、猫ナットウフ。耳は、昨日のすき焼きの残りの椎茸で

今日の猫ナットウフは、手足を黒豆納豆で。目は海苔で超眠そうに……

CHAPTER | 1

キャラナットウフで朝食を楽しく

2015年1月5日、今日が仕事始め。今年も笑顔で頑張ります！

納豆と豆腐と青海苔を和えた髪の毛と目玉焼きを顔でチェダーチーズで目鼻口。ハッピーな感じで

納豆2種類とつぶした豆腐と目玉焼きときんぴらごぼうと枝豆で、鳥の巣風キャラナットウフ。味もグー！

なんのキャラクターに見える?

ホッペタふくらませた俺風

マヨ納豆スクランブルエッグと「男前豆腐店」のグラサンドーフと四角い豆腐で「マカロニほうれん荘」の膝方歳三(ひざかた としぞう)作った。若い人は知らないかもしれないけど大好きだった漫画。トシちゃんかんげき〜

いただきもののわらの水戸納豆、豆腐にいただきものの「ふくや」のチューブ明太子オリーブバジル風味、ゆで卵で、俺風に。わらの納豆は豆の味が力強くて旨いなぁ

昨晩のけんちん汁に納豆と豆腐とゆで卵と海苔で、キャラナットウフ。温まる

昨日の残りものの肉じゃがが納豆と豆腐とゆで卵。今日も笑顔でいきましょう

CHAPTER | 1

キャラナットウフで朝食を楽しく

ちょっと固くなっちゃった豆乳入りスクランブルエッグにマヨ納豆ブラックペッパーソースをかけて、プチトマトとキュウリで変な動物に。なんだろうこれ？

納豆と豆腐と青海苔和えとゆで卵と「グルービーナッツ」のベーコンスモークナッツ。まいう〜です

目玉焼きの顔に納豆と豆腐を和えて髪の毛にスライスチーズの口にウインナーの鼻でピノキオ。撮る角度がむずかしい

豆腐の上に「炭火焼肉なかはら」のコンビーフのせて溶けるチーズのせてオーブンで焼いて。ゆで卵のなかはコンビーフとマヨと納豆和え。昨日の残りの30品目サラダも。コンビーフめちゃ旨〜

昨日の麻婆豆腐の残りと納豆を和えて、セサミストリート風。まいう〜

納豆と豆腐の和えたのと紅生姜目玉焼きに金沢で買ってきた黒豆。旨いなぁ

トリ型って使える　Chick Shaped Boiled Egg

　ゆでたてのゆで卵をこのトリ型に入れてしばらくすると、卵型だったゆで卵が簡単にトリになっちゃいます。それだけで、納豆を巣にしてみようとか、ストーリーが生まれます。お店のキッチンコーナーでゆで卵を楽しくするグッズがあったら、即購入です！

焼いたピザ用チーズの上に昨日の残りの肉じゃがの牛ひき肉とひきわり納豆と豆腐を炒めたものをのせて巣を作り、トリ型で作ったニワトリゆで卵を巣に立たせて完成。ケッコー旨い

CHAPTER | 1

キャラナットウフで朝食を楽しく

納豆豆腐チキンカレーの巣に立つチキンなニワトリ。まいう〜

納豆と豆腐の沼に立つゆで卵ひよこちゃん

生姜入り納豆と豆腐の味噌汁に明太子トサカゆで卵ニワトリ。温まる〜

あのキャラも登場 Variation of Characters

みんなが知っているキャラクターをキャラ弁にすると、見ているだけで楽しいですよね。キャラナットウフも同じです。ちょっと難しいし時間もかかりますが、朝余裕がある時に、自分も、みんなも楽しませる気持ちで作ってみましょう。

ねば〜る君ナットウフ。納豆キャラだけにいつかは作らなくてはと思ってた

CHAPTER | 1

キャラナットウフで朝食を楽しく

ちょっと時間があったので、デコナットウフで。丸型で抜いたキュウリや紅生姜やチーカマやスライスチーズや海苔を駆使して

ぐたっとしたキャラナットウフ。下の産卵したようなものは納豆と豆乳を混ぜたものです

COLUMN 1

ナットウフで季節を彩る

　朝起きて、どんなナットウフ朝食を作ろうか迷った時は、今日はなんの日？　って考えたり調べたりしてみましょう。節分だったりバレンタインデーだったり猫の日（2月22日）だったり納豆の日（7月10日）だったりナットウフのモチーフになるものが見つかるかも。

　左下の写真は、前日の2015年9月19日にW杯でラグビー日本代表が世界3位の南アフリカを撃破して大金星をあげたので、その勝利を祝ってラグビーボールナットウフを作ったのです。右下は、卵の白身に納豆と豆乳を混ぜて四角くカットしたまんなかに黄身をのせて日の丸風に。サッカー女子日本代表、なでしこジャパンを応援するために作ったナットウフです。スポーツの試合に絡めて、その日だけのナットウフを作る楽しみもあるんです。

節分の日

節分の日

ラグビー日本代表大金星の日

なでしこ応援の日

CHAPTER 2

WHY ナットウフ？

なんでナットウフ朝食を作るのか。
それは、朝開いた冷蔵庫のなかに納豆と豆腐がある
から。ついでに、栄養もあるし、ダイエット効果もあ
るから。

▶▶▶ 僕がナットウフ朝食をやる理由

　朝起きて、トイレに行って、歯を磨いて、顔を洗って、着替えて、朝食前にそれだけ行動してもまだカラダも脳も起ききってはいないですよね。
準備体操やストレッチをするのもいいですが、なかなか長続きしない（自分は特に三日坊主体質なので無理なのです……）ものです。でも、朝食は食べますよね？　いや、朝は食べません！　という人もいると思いますが、朝食を抜くと、体内時計が乱れたり、太りやすい体質になったり、便秘になりやすかったりするそうです。なので、朝食を食べることを前提に話をします。
　誰かが作ってくれて、それを食べるのももちろんいいのですが、自分で作ることで、なにを作ろうか、食材はなにを使おうか、味つけはどうしようか、どんな見た目にしようか、どの器に盛りつけようか……と、脳がグルグル動き出します。そう、朝一の「脳活」にもなるのです。
　仕事や学校に行く前に、脳の準備体操としてもナットウフ朝食は効果的なんです。

CHAPTER | 2

WHY ナットウフ？

▶▶▶ 納豆の実力をあなどるべからず

　納豆はヘルシー？　なんと、1パック（約50g）で約100kcalあるそうです。ご飯50gあたり85kcalくらいだそうなので、実は納豆のほうがカロリーが高い！ ただ、秋山調べによると、健康な皮膚や髪を作ってくれたり脂質の代謝を促進するビタミンB群の1日の必要量を納豆1パックでほぼとれちゃったりするらしいので納豆のカロリーを気にしないでいいくらいのダイエット効果があるようです。そりゃすごい。これも聞きかじりなのですが、納豆だけに含まれている血液をサラサラにしてくれるナットウキナーゼを始め、イソフラボンやカルシウムや食物繊維が豊富だったりといいところだらけ。食べない理由がありません。
　ちなみに70度以上でナットウキナーゼは効果がなくなっちゃうそうなので、ナットウキナーゼを摂取したい人は加熱料理はしないほうがいいらしいです。僕は温かい納豆も好きなので、けっこう加熱しちゃいますが。あと、冷凍しても納豆菌や栄養は損なわれないそうなので、買い足すのが面倒くさい人はたくさん買って冷凍しておくといいそうです。

CHAPTER | 2

WHY ナットウフ？

納豆を混ぜる時に毎回活躍してくれるのが、この「なっとうの友」という棒。
箸よりも納豆パックから納豆を器に移しやすく、箸で混ぜるより断然早く混ぜれちゃう。その秘密はこのデコボコになっている部分。納豆がつきにくくなって、スムーズにかき混ぜられちゃうんです。

▶▶▶ 豆腐をご飯の代わりにしちゃおう

　納豆はカロリー的には高めでしたが、豆腐はどうでしょう？ 1丁で絹ごしなら約150kcal、木綿なら約200kcalだそうですが、ナットウフ朝食で食べるのは多くても半丁くらいなので、カロリーは気にしなくていいと思います。そもそも僕がナットウフ朝食をやっているのは、本気でダイエットするぞ！ という目的ではなく、昼とか夜とかに好きなもの食べたいから、せめて朝は少しは糖質とかをおさえて、カラダにいいものを摂取しようくらいに考えています。無理は続かないですからね。

　ご飯やパンなどの炭水化物の代用品としての豆腐は本当に便利な食材。ご飯の友のような味の濃いものも合うし、前日のカレーの残りとライス代わりの豆腐というのも悪くないです。最近では、「すき家」が「牛丼ライト」というご飯の代わりに豆腐にしたものや、「一風堂」が店舗も期間も限定ですが「白丸とんこつ百年豆腐」という麺を豆腐に代えたものを出したりしていますが、これからも次々に豆腐代替えメニューはいろいろなところから出てくるでしょうね。ブームになっちゃうかもしれません。

CHAPTER | 2

WHY ナットウフ？

▶▶▶ 卵のいいところ

　僕は、本当に卵好きなんです。ラーメン屋に行って、味玉があったら間違いなくトッピング。卵かけご飯も、卵焼きも、目玉焼きも、ゆで卵も、スクランブルエッグも、オムレツも、全部大好物です。朝、本当に時間がない時は、支度している間にゆで卵を作っておいて、それだけ食べて（←ナットウフ関係なし）仕事に行くこともよくあります。

　卵はカロリーも高め。コレステロールを気にする人もいます。でも最近ではこんなニュースも。「血中コレステロールに影響を与えると考えられていたが、7〜8割は体内で作られ食事の影響はもともと少ない」。朗報ですね。

　でもまぁ、僕はとにかく卵好きなので、食べるんです。カロリーとかコレステロールとか気になる人は、卵をおさえめにしてナットウフ朝食を楽しんでもらえればと思います。

CHAPTER 2

WHY ナットウフ？

① まず冷蔵庫をリサーチ

　ナットウフ朝食のはじめの一歩は、冷蔵庫を開けること。簡単でしょ？
　納豆パックと豆腐パックはある前提で、ほかに使える食材がないかリサーチします。卵、レタス、キムチ、ピザ用とろけるチーズ、とろけるスライスチーズ、ハム、ベーコン、前夜の残りの唐揚げ、ハンバーグ、お土産でもらった明太子、いくらの醤油漬……。
　これだ！　という食材を冷蔵庫から取り出しましょう。

② 食材を並べる

　次にやることは、その冷蔵庫から取り出した食材をキッチンのテーブルに並べましょう。この時点でなにを作るかは見えてきているはず。
　作ろうとしているメニューに必要な調味料も食材の近くに置きましょう。

ナットウフ朝食のコツ

③ できあがりをイメージする

　実際に調理に入る前にイメージしましょう。どんな仕上がりで、どんな器に盛るのかなど。この、イメージするということが、とっても大事なんです。料理の仕上がりもそうですが、まず朝起きて脳を動かす「脳活」をすることで、その日1日の仕事や勉強など生活の準備体操になるからです。

　ちなみに、ホテルのビュッフェで出てくるようなきれいなオムレツをイメージしていたのに、崩れちゃったりしても気にしな〜い、気にしない。そこからスクランブルエッグにしちゃえばいいんです。僕もよくやります。

　失敗から新しいイメージに転換するような、ちょっとラフな気持ちで作るのがいいと思います。

ナットウフ朝食のコツ

CHAPTER 2

WHY ナットウフ？

④　記録して、みんなに見てもらう

　作ったナットウフ朝食をすぐ食べたい！という気持ちはわかります。でも、ちょっと待って。スマホやデジカメで写真を撮りましょう。そして、できればインスタグラムやツイッターやフェイスブックにアップしましょう。ナットウフ朝食を続けるためにです。1回や2回アップしただけでは誰も気にしなかったものも、毎朝アップしていると、しだいに周りの人たちも気になってくるもので、明日の朝はどんなナットウフ朝食が見れるんだろうと、楽しみにしてくれるんです。僕もそうでした。
　そして、「#ナットウフ朝食」のようにハッシュタグをつけておくと、写真の管理として自分も便利ですし、フォローして見てくれている人たちも以前のものが見れたりして楽しいと思います。

COLUMN 2
外食でもいけちゃうぞ！

　ナットウフ朝食は、家でしかできない？　いえいえ、そんなことはありません。旅行中も意外とできるんです。ホテルのビュッフェって洋食もあれば、和食もありますよね。納豆はだいたいどこに行ってもありますし、豆腐は冷奴や味噌汁は全国どこでもあると思いますが、沖縄だったらゆし豆腐、京都だったら湯葉というように地域によってもいろいろ楽しめます。卵料理なんてビュッフェの主役？というくらいオムレツ、スクランブルエッグ、卵焼き、温泉卵、生卵……と選び放題食べ放題。納豆と豆腐と卵とそのほかの食材との組み合わせで家で作るよりリッチなナットウフ朝食にありつけるんです。

　ですが、ですが、無理は禁物。朝食が素晴らしく美味しい老舗旅館に泊まった時にはあきらめて素直にほっかほかの炊き立てのご飯を食べちゃいましょう。沖縄のホテルに泊まった時に朝食ビュッフェで沖縄そばがあったので、ナットウフ料理がメインでありつつ、炭水化物ですが沖縄そばも食べちゃいました。そう、ちょっとゆるくやることがナットウフ朝食を続けるコツなんです。

CHAPTER 3

卵って意外と主役だ

「ナットウフ」というワードは「ナットウ」と「トウフ」の組み合わせ。でもそこには入っていない「タマゴ」料理がバリエーション豊富で実は主役級なんです。

目玉焼き Sunny Side Up

　卵料理のなかで一番早く簡単に作れるのは実は「目玉焼き」。ゆで卵なんて10分はゆでないといけないし、スクランブルエッグも早くできる料理ではありますが、火にかける前にボウルで豆乳と混ぜたりする手間が必要です。目玉焼きはなんてったってフライパン温めて卵を割って入れればできちゃいますからね。
　そして重宝するのが、ピザ用のとろけるチーズ。シュレッドチーズともいいますが、目玉焼きの周りにふりかけてカリカリに焼いたり、それを内側に折り込んでガレット風にしたり、アレンジしやすくて、しかもどうやっても美味しくなるんです。

ガレット風カリカリチーズ目玉焼き&納豆と豆腐のペーストに「カレーの恩返し」がけ。まいう〜

カリカリチーズ目玉焼き
Crunchy Cheese Sunny Side Up

ズッキーニのオリーブオイル炒めと娘たちが食べ残したソーセージパンのソーセージとカリカリチーズ目玉焼きと納豆かけ豆腐

カリカリチーズ目玉焼き&納豆&豆腐&サラダ。なぜかこの皿で

カリカリチーズ目玉焼き&納豆と豆腐のマヨ醤油に「カレーの恩返し」をかけて。「カレーの恩返し」旨すぎ！

CHAPTER 3

卵って意外と主役だ

カリカリチーズ目玉焼き＆納豆のせとろけるチーズ豆腐ステーキ。ダブルチーズ旨〜

カリカリチーズブラックペッパー目玉焼きとマヨキュウリ納豆と豆腐。まいう〜

豆腐の上にカリカリチーズ目玉焼き＆納豆。黄身がきれい

ハート型目玉焼き
Heart Shaped Sunny Side Up

目玉焼き オン・ザ・納豆と豆腐とチーズのマヨ醤油炒めまいう〜。
目玉焼きをハートにするだけで見た目がよくなる

CHAPTER | 3

卵って意外と主役だ

スライスチーズのせ豆腐ステーキ＆納豆のせハート型目玉焼き。これ旨いなぁ〜

ハワイで買ってきたハートの型で、ハート目玉焼きとハートカリカリチーズと豆腐と納豆。旨いなぁ〜

ハート目玉焼き黄身ダブルとハート納豆白身とじと冷奴。まいう〜

CHAPTER 3

いろんな目玉焼き
Variation of Sunny Side Up

卵って意外と主役だ

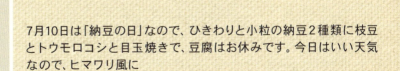

7月10日は「納豆の日」なので、ひきわりと小粒の納豆2種類に枝豆とトウモロコシと目玉焼きで、豆腐はお休みです。今日はいい天気なので、ヒマワリ風に

ネットで見た目玉焼きの作り方をちょっとアレンジ。卵をザルに割ってサラサラした余分な白身を流して少しの油を引いた熱したフライパンに卵を流し込み5秒くらい強火で焼いたら火を止めて水を少し入れてフライパンにフタして1分ほど蒸す。塩かけてめっちゃ美味しい目玉焼き。ひきわり納豆と新玉ねぎと「カレーの恩返し」混ぜて豆腐にのっけ。セロリとプチトマトも添えて

納豆マヨホタテ缶目玉焼き豆腐。納豆はおかめ納豆の「副将軍納豆」なんだけど、豆が大粒で美味しいのと、海苔ふりかけがついているのが気に入ってます

「551蓬莱」の焼売とエビ焼売＆納豆＆豆腐＆目玉焼き。551のエビ焼売初めて食べたけど、プリプリ旨〜

CHAPTER 3

卵って意外と主役だ

丸くカットした豆腐の上に目玉焼きの黄身部分のっけて、周りに「天の屋」の神田明神名物国産大粒納豆「柴崎納豆」。お取り寄せしたんだけど、この納豆は大粒で豆の味が濃くて大好き

昨日「新ばし 星野」で持ち帰りしてきた牛しぐれ煮を豆腐にのせて目玉焼きと納豆と枝豆で和風に。いままでのナットウフ朝食でNo.1!「星野」の牛しぐれ煮が旨すぎるからだけど

目玉焼き＆納豆と豆腐と「カレーの恩返し」のマヨソースレタス＆「炭火焼肉なかはら」のコンビーフ。ホントこのコンビーフ旨い！！！

スペイン風目玉焼き
Spanish Sunny Side Up

オリーブオイルでふちをカリッと揚げるように仕上げるスペイン風目玉焼き&納豆と豆腐のマヨ醤油和え&弁当の残り物のエビフライと唐揚げ

ガレット風目玉焼き
Sunny Side Up Gallete

目玉焼きにピザ用とろけるチーズでガレット風に納豆と豆乳にブラックペッパーマヨソースがけ。めっちゃ旨！

ベーコン & ハムエッグ
Bacon & Ham Egg

ベーコンエッグ&納豆&豆腐サラダ。友人の「イカロ」のシェフ宮本くんのウエディングパーティーの引き出物のアマニ油を使った「亜麻ドレ焙煎ごまドレッシング」をかけて。これ、旨ーっ!

カリカリチーズハムエッグとキュウリ納豆マヨと豆腐。洋風旨い!

卵焼き Japanese Rolled Omelette

　卵焼き大好きです。甘い卵焼きが特に好き。でもせっかく炭水化物を抑えているのに砂糖を使うのも……という人には代わりに「希少糖」を使うのがオススメです。

CHAPTER 3

卵って意外と主役だ

中学生の娘が遠足で、お弁当の残りの唐揚げと卵焼きが残ってたので豆腐と納豆はシンプルに。唐揚げと卵焼きがあれば生きていける(笑)

希少糖入り卵焼き
Japanese Rolled Omelette With Rare Sugar

希少糖で作った納豆卵焼き＆青海苔豆腐＆キュウリの浅漬け。納豆入れると卵焼きのカタチ崩れやすいな。葛西薫さんデザインのお皿で

納豆卵焼き＆冷奴。卵焼きの甘さを出すのにはヘルシーな希少糖で。まいう〜

卵焼きを希少糖で作って、牛そぼろ豆腐、ちりめん山椒を混ぜた納豆。和食はいいね

牛しぐれ煮入り卵焼き
Japanese Rolled Omelette With Seasoned Beef

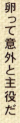

卵って意外と主役だ

昨日食べた牛しぐれ煮入りの卵焼きが美味しかったので再び。あと、納豆と生姜と鰹節粉の冷奴。葛西薫さんデザインのお皿は食べ物の配置の構成が楽しいなぁ

昨日の「新ばし 星野」の牛しぐれ煮を入れた卵焼きと納豆キャベツサラダと豆腐。卵焼き美味しくできた

CHAPTER 3

卵って意外と主役だ

オムレツ Omelette

オムレツをきれいに作るのはけっこうむずかしい。ホテルのビュッフェ風にきれいにできればもちろんいいのですが、カタチが悪かったり固くなっちゃったり崩れちゃったりしても味がよければ気にしないのがコツです(笑)。

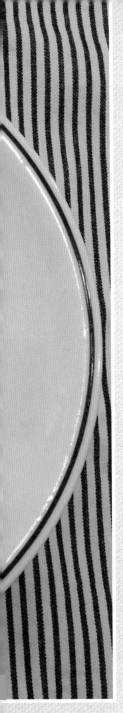

豆腐に「カレーの恩返し」納豆ソースとオムレツと昨日の残り物を少しずつでビュッフェ風に。満足感高い

納豆オムレツ
Natto Omelette

卵2個と豆乳とひきわり納豆混ぜて塩入れてフライパンでバターでオムレツ。これが一番シンプルなナットウフ朝食かも

この前娘にも好評だった、卵と豆腐を溶いてひきわり納豆入れたオムレツ。今日は万能ねぎ入れてバターで焼いて。白身をメレンゲにしたのでふわふわに

卵に豆乳と「天の屋」の神田明神名物国産大粒納豆「柴崎納豆」混ぜて円形オムレツ。その上にツナマヨとミディトマトのっけて、周りに水菜。ツナマヨと納豆オムレツ合う〜

納豆オムレツ ケチャマヨソース
Natto Omelette With Ketchup & Mayo

CHAPTER 3

卵って意外と主役だ

納豆チーズオムレツ＆豆腐で、オム豆腐に、ケチャマヨソースをかけて。オムレツちょっと火が入りすぎたけど、まいう〜

豆腐代わりに豆乳を入れたオムレツに納豆マヨケチャソースをかけて。めちゃ旨！

卵に豆腐を混ぜて納豆とチーズを入れたオムレツにマヨケチャソースかけて。崩れちゃったけど味はまいう〜

スクランブルエッグ Scrambled Eggs

　世界一の朝食と言われている「bills」のスクランブルエッグのレシピを生クリームを豆乳に代えるなどアレンジしています。

　作り方は、ボウルに卵と豆乳と塩を入れて泡立て器で混ぜ、弱めの中火で熱したフライパンにバターを溶かしてさっきの卵を投入したら、触らずに(←ここが大事)40秒くらい待ったら、ヘラでやさしく混ぜながら一箇所に寄せて皿に盛るだけ。すごく簡単で美味しくできます。

豆腐代わりに豆乳と「カレーの恩返し」を入れたふわふわスクランブルエッグ&タレとマヨネーズとお酢の納豆ドレッシングをかけたサラダと昨日の残りの唐揚げ。カレー味もいいなぁ

bills 風スクランブルエッグ
Bills Style Scrambled Eggs

世界一の朝食「bills」風のふわふわスクランブルエッグのアレンジで、生クリームの代わりに豆乳入れて、納豆入れて。豆乳は豆腐の代役です

納豆と豆乳のふわふわスクランブルエッグに青海苔かけて。まいう〜

スクランブルエッグを豆乳で作って納豆入れて。ふわトロ旨〜っ！

CHAPTER 3

卵って意外と主役だ

スクランブルエッグと豆腐を混ぜて、納豆キュウリマヨ和え。グチャグチャで旨い

ふわふわスクランブルエッグアレンジに納豆と青海苔と豆腐代わりの豆乳入れて。昨日の残りの豚冷しゃぶ添えて。和の「bills」旨い

豆腐が冷蔵庫になかったので、豆腐はお休み。世界一の朝食「bills」のふわふわスクランブルエッグに納豆入れて

豆乳スクランブルエッグ
Soy Milk Scrambled Eggs

納豆と牛肉しぐれ煮と豆乳のスクランブルエッグ青海苔がけ。旨いな〜

納豆と豆腐と豆乳とチーズのスクランブルエッグに、昨日、近藤あやちゃんからセブ島のお土産でもらったバナナケチャップをかけて。まいう〜♡

スクランブルエッグにトッピング
Scrambled Eggs With Topping

CHAPTER 3

卵って意外と主役だ

手作りツナの残りとひきわり納豆のマヨネーズ和えとスクランブルエッグに家で育てたパクチーと冷蔵庫に入ってたキュウリ。摘みたてのパクチーの香りが強くて美味し〜

豆腐を混ぜたふわふわスクランブルエッグに納豆と牛しぐれ煮をのせて。激旨〜

ゆで卵 Boiled Egg

　ゆで卵の作り方を知らない人はなかなかいないと思います。ただ、いい具合の好みの固さの半熟ゆで卵にするのはゆでる分数が大事です。僕は小さな鍋に卵を入れて水をはって、11分ゆでます。その前後の分数でいろいろやってみましたが、11分がマイベストゆで加減なんです。

　あと、キャラナットウフを作る時、ゆで卵を半分に切ったものがキャラの「目」として大活躍しますよ。

納豆＆豆腐の上にマヨ帽子ゆで卵。旨いな〜

マヨ帽子ゆで卵&豆腐&納豆。ちょっと怖くなったw

ソース on ゆで卵
Sauce on Boilled Egg

納豆と豆腐と紅生姜と納豆タレと醤油とごま油混ぜて、ゆで卵の上にはマヨパクチーラー油。まいう〜。中華の前菜みたいになった

「アーツ＆サイエンス」のお皿なので上品に、納豆クレソン＆チェダーチーズ豆腐ステーキ＆マヨ黄身ソースゆで卵。納豆クレソン初めて作ったけど旨かった

半熟ゆで卵
Soft Boilled Egg

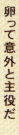

卵って意外と主役だ

男前な皿に男前豆腐店のグラサントーフ＆半熟ゆで卵＆納豆。納豆は、中目黒の寿司屋の「廣野」の大将がレンジで20秒温めると美味しくなると教えてくれたのでやってみた。確かに〜

キムチ納豆＆豆腐＆半熟すぎたゆで卵。ほぼ居酒屋メニュー。旨い

エッグインクラウド Egg In Cloud

　アメリカのインスタグラムで大流行したふわふわの雲のなかに黄身が埋もれているような「エッグインクラウド」は、見て美しい。
　作り方は、卵の白身をメレンゲにしてまんなかに黄身をのせてオーブンで3〜5分焼くだけ。簡単でおもしろい。

流行中の「エッグインクラウド」作った。周りは納豆と豆腐を混ぜたもの。ふわふわ旨いな〜

COLUMN 3

冷凍卵からの温泉卵の作り方

　作ってみたら、温泉卵みたいで美味しかったんです。まずは「冷凍卵」の作り方。生卵をジップロックに入れて(冷凍すると膨張して殻が割れちゃうから)冷凍庫に入れて一晩。これだけ。
　そしてその「冷凍卵」を「温泉卵」風にするには、沸騰したお湯に凍ったままの冷凍卵を入れて、1分ゆでて火から鍋を下ろして5分したらお湯から取り出して水に浸けて3分冷やしたらできあがり。最後のほうでちょっと時間がかかるので、余裕のある朝に作ってみてください。

COLUMN 4

漬け黄身の作り方

　卵の黄身より少し大きいくらいの器に黄身だけ入れて、醤油(小さじ2)とみりん(小さじ1/2)と日本酒少しを入れて、寝る前に冷蔵庫に入れておくと朝にはできています。見た目もツヤツヤで美しい。

　味が濃厚なので、ご飯にのせて食べる人が多いようですが、ナットウフ朝食では豆腐にのせて食べるのをオススメします。

COLUMN 5

ご飯の友オンザ豆腐

「漬け黄身」はご飯に合うと前ページで書きましたが、濃い味のご飯の友を豆腐にのせて味のアクセントにするのもオススメです。いくらの醤油漬、鮭ルイベ漬、牛のしぐれ煮、イカの塩辛、そんなご飯の友が冷蔵庫に入っていたら、「オンザ豆腐」してみましょう。

CHAPTER 4

大豆兄弟 ナットウ&トウフ

卵料理の話が続きましたが、ナットウフ朝食といえばなんと言っても「納豆」と「豆腐」がないと成り立ちません!同じ大豆出身なんだから、合わないはずがありません!いろんなスタイルでナットウフを楽しみましょう。

豆腐はキャンバスだ　Tofu is a canvas.

　豆腐自体にも大豆の味がしますが、たいていは醤油をかけたり味つけしますよね。ちょっと濃い味のものが合うので、ご飯の友とかは間違いなく合います。カレーにも合わないわけがない。豆腐というキャンバスに、色々な味つけを描いてみてください。

わらの水戸納豆に温泉卵、豆腐に牛しぐれ煮。しっかりした味で旨い

CHAPTER 4

大豆兄弟 ナットウ&トウフ

豆腐に 柚子胡椒

イタリアンレストラン「イカロ」のシェフ宮本くんにもらった白トリュフの香りが染み込んだ卵でハート目玉焼き&柚子胡椒納豆豆腐。香りが芳醇すぎてヤバイ!

豆腐に ラー油

昨日行った「わさ」で山下シェフからもらったラー油5種と胡麻ダレで、豆腐ラー油食べ比べとバンバンジーとラー油納豆。ラー油どれもめちゃくちゃ旨い!特にパクチーラー油最高!

豆腐に カレー

初めて買った「レルヒさんのカレー納豆」をカレー代わり、豆腐をライス代わり、目玉焼きのせて、トマトを福神漬け代わりに。カレーと納豆合うね

残り物のカレーに「カレーの恩返し」たっぷり入れて、ご飯代わりの豆腐に、目玉焼きと納豆。朝カレー元気出る〜

豆腐に じゃこ

豆腐に昨日「松川」でお土産にいただいたおじゃこをかけて、納豆とゆで卵。おじゃこ、山椒の香りが爽やかで旨すぎる〜

豆腐に 鰹節粉 青海苔

残り物の牛のしぐれ煮があったので卵焼きにして、鰹節粉と青海苔をかけた冷奴と納豆。まいう〜

豆腐に 生姜

寒いので、納豆と豆腐と卵と玉ねぎとオクラと茗荷と生姜の味噌汁。温まるというか、発汗すごい

えのき氷に味噌と生姜と納豆と豆腐と卵の黄身。ダイエット食。痩せますよーに

豆腐に 鮭ルイベ漬 いくら醤油漬

卵焼きと納豆と豆腐に「佐藤水産」の鮭ルイベ漬といくら醤油漬をのせて尊敬する葛西薫さんデザインのお皿で。卵焼きがきれいにできて嬉しい朝

豆腐に うなぎ

頂き物のうなぎがあったので、豆腐にのせてうな丼気分。明太子納豆卵焼きを添えて。旨いな〜

豆腐に マヨ卵

納豆とグチュグチュマヨ卵
のっけ豆腐。旨〜

豆腐に 漬け黄身

作り方はP73に

納豆と、豆腐と、漬け黄身。
豆腐にのせたら崩れ落ち
ちゃったけど、濃厚まいう〜

漬け黄身を豆腐にのせて納豆と
タコポンおろし。今日は漬け黄
身が崩れなくてよかった。これ、
旨いなぁ〜

大豆兄弟　ナットウ＆トウフ

チーズ豆腐ステーキ Cheesy Tofu Steak

　豆腐を洋食に合わせる時によくやるのが豆腐ステーキ。豆腐はキッチンペーパーで水をよくきって、フライパンでオリーブオイルやサラダ油で焼くのですが、やり始めた時はグルテンフリーにしようと小麦粉をまぶさないでやっていたのですがやはり崩れやすかったので、いまでは薄めに小麦粉を豆腐の全面にまぶして焼くようにしています。

　とろけるスライスチーズを最後にのせると、味はもちろん見た目が美しい。最近はとろけるスライスチーズもチェダーチーズなどいろいろな種類があるので味も色味も楽しめます。

チェダーチーズ豆腐ステーキ&「カレーの恩返し」マヨ納豆レタス巻き&「bills」のふわふわスクランブルエッグ。スクランブルエッグの作り方、うまくなってきた

大豆兄弟　ナットウ&トウフ

とろけるチーズ豆腐ステーキ
Cheesy Tofu Steak

日曜日に遊びに来た友人家族の超美人妻の手作りラタトゥーユと生ハムととろけるチェダーチーズ豆腐ステーキと焼き温泉卵の納豆ソースがけ。旨いなぁ〜。ヨーロッパ風朝食って感じかな

クックパッドのレシピのとろけるスライスチーズのせ豆腐ステーキ&納豆オムレツ&野菜のマリネ&キノコのマリネ&ベビーリーフ。この豆腐ステーキ旨〜

CHAPTER | 4

大豆兄弟　ナットウ＆トウフ

納豆オムレツととろけるチェダーチーズ豆腐ステーキとサラダ。旨いなぁ

とろけるチーズ豆腐ステーキに納豆ゆで卵マヨソースがけ。まいう〜

納豆ペースト＆納豆炒め
Natto Paste & Stir-fried Natto

チーズオムレツとシーチキン納豆ペーストと豆腐。ちょっと洋風。まいう〜

納豆ツナマヨペースト＆チェダーチーズ豆腐ステーキ＆ふわふわスクランブルエッグ。うま〜

CHAPTER | 4

大豆兄弟　ナットウ&トウフ

昨日ミキサーで作ったバターで作ったオムレツ&納豆と豆腐のペースト&昨日の残りのポテトサラダとレタスとキュウリのサラダ。バター旨い♡

メリー・ナットウフ・クリスマス！　スライスチーズのせ豆腐ステーキ&残り物のステーキで納豆卵炒め。ちょっと贅沢に。肉は旨いなぁ

味噌汁リメイク Miso Soup Arrange

　家でナットウフ朝食を食べるのは僕だけ。妻や娘たちはご飯やパンを食べています。その炭水化物以外の残り物を僕がナットウフ朝食にアレンジして使うこともあるのですが、そのなかでも味噌汁はかなり重宝します。豆腐も納豆も合いますし、そもそも味噌自体が大豆からできてますから合わないはずはないんです。

週末に娘たちが潮干狩りでとってきたアサリの味噌汁に納豆と豆腐と卵を入れて。いい出汁が出てて旨〜

CHAPTER 4

大豆兄弟　ナットウ＆トウフ

残ってた豆腐の味噌汁に納豆と卵を入れて、石垣島で買った島唐辛子燻製一味をどっさりかけて。辛旨！汗出てきた！

納豆と豆腐と卵の味噌汁に黒七味たっぷり。汁物は具が沈んじゃったりするので写真に撮りにくい。旨〜

豆腐と納豆と卵と玉ねぎと小ねぎの味噌汁ブラックペッパーがけ。ニッポンバンザイ＼(^o^)／

納豆と豆腐と卵と玉ねぎの味噌汁に一味唐辛子多め。寒くなると汁物がいいなぁ〜

家族の残り物の豆腐の味噌汁にひきわり納豆入れてハート目玉焼きのせて。シンプルだけど、めちゃ旨い

豆腐の味噌汁に納豆とゆで卵。シンプルに旨い。ちょっと顔風

CHAPTER 4

大豆兄弟　ナットウ＆トウフ

豆腐丸ごとひきわり納豆
溶き卵あおさ海苔味噌汁。
うんま〜

昨日の残りの大根の味噌汁
に、ひきわり納豆と豆腐がな
かったので豆乳入れて、溶き
卵かけて、「茅乃舎」の生七味
入れて、「グルービーナッツ」の
ベーコンスモークナッツ入れ
て、まいう〜！

「鶏丸ごとガラスープ」と
「マルちゃん正麺 味噌味」
の味噌だれ少しで作った
スープに豆腐とひきわり納
豆溶き卵を入れて。仕上げ
に「カレーの恩返し」をかけ
ると華やかな香りで美味し
く目が覚めます

納豆と豆腐とあおさの味噌汁に目玉焼きをのせて。癒される

クックパッドの「納豆とたまごのお味噌汁」のレシピをアレンジして豆腐と茗荷も入れて。旨いな〜

残ってた豆腐とワカメの味噌汁にひきわり納豆とポーチドエッグ入れて、生七味をたっぷり入れて。旨いな〜

スープ Soup

　味噌汁に豆腐は合うし、納豆も合います。洋風のスープに豆腐が合うのは想像がつくと思いますが、そのベース次第ではありますが、納豆だってスープと合っちゃうんです。カラダも温まって、かなり満足感のあるナットウフ朝食ができますよ。

「グルービーナッツ」のベーコンスモークナッツと豆乳のスープに炒めたハムと納豆とき卵と豆腐を入れて。スモーキーで旨い。スモークしたベーコンがあったらもっとよかったんだけど

CHAPTER 4

大豆兄弟　ナットウ&トウフ

納豆と豆腐とグルービーナッツのスモークベーコンナッツの豆乳スープに目玉焼きをのせて。癒される味

昨日の残りの牛スジ煮込みに納豆と豆腐と卵を入れて。めっちゃ満足感高し

CHAPTER | 4

大豆兄弟　ナットウ&トウフ

納豆と豆腐を入れたもずくスープに溶き卵。めっちゃ旨〜い。温まる〜

残り物のポトフに豆腐と納豆と卵を入れて。胃が温まる

COLUMN 6
楽しくする道具 ①

トリ型ゆで卵メーカー

　広尾の「ナショナル麻布スーパーマーケット」で一目惚れして買いました。ゆで卵が冷めないうちにこの型に入れてパチンととめてしばらくして開けるとトリの形になっています。脚を刺すと自立してめちゃめちゃキュートに。クチバシもこのままでもいいんですけど、ニンジンで作ってつけるとさらにかわいくなります。これ、ヒヨコなんですけど、ニンジンでトサカを作ってつけるとなんと、ニワトリになっちゃうんです（笑）。

COLUMN 7

楽しくする道具 ②

ハート型目玉焼きリング

　ハワイのオアフ島の雑貨屋さんで買いました。ハートと丸の型があって迷ってハートにしましたが、いま思うと両方買ってくればよかった。シリコンでできていて、フライパンのセンターに置いてそこに卵を流し込むわけですが、黄身が端に寄っちゃうとまんなかに移動しようとすると黄身が潰れちゃったりするので、入れる前に黄身と白身を分けておいて、まず白身を流し込んでからまんなかに黄身をそーっと入れるのが中心に設置できるコツです。

COLUMN 8

楽しくする道具 ③

スマイル型オムレツリング

　これも「ナショナル麻布スーパーマーケット」でゆで卵のトリ型を買った時に目についたので一緒に買いました。素材はハート型目玉焼きリングと同じシリコン製で、フライパンのセンターにこの型を置いて、こちらは卵を溶いてから流し込みます。仕上がりをきれいな黄色にするには、最初に卵をよく溶いておくことがコツです。
　この型自体が顔なので、キャラナットウフを作る時にも便利なんです。

COLUMN 9

楽しくする道具 ④

バルミューダ ザ・トースター

「バルミューダ ザ・トースター」が我が家にやってきた時、いろんな種類のパンを焼いてみて、いままでのトースターってなんだったの？ というくらい焼き加減や美味しさが格段に進化していて、妻は「買った家電のなかで一番素晴らしい！」と感動したほどです。ナットウフ朝食ではパンは食べない（グルテンフリーのパンはアリ）ですが、グラタンを作る時にはこのトースターを使います。焼き色もまんべんなく美しく、美味しく焼きあがります。

COLUMN 10
楽しくなる皿

　ナットウフ朝食は食材そのものだけでは成り立ちません。そう、器に盛りつけて完成するのです。その日のナットウフのテーマに合わせて、スープものだともちろんお椀や丼のような器になりますし、和食系だとやっぱり和な器に盛りつけたくなるものです。
　ここで紹介している器は、特に気に入っているものです。①は、尊敬するアートディレクターの葛西薫さんがデザインしたお皿で、ブルーのラインのデザインが数タイプあってシンプルでなにをのせても絵になります。②は、アートディレクターの森本千絵ちゃんの結婚披露宴でいただいた舟型の器で、このなかに納豆や豆腐や卵を詰め込んで、写真を撮ると、動き出しそうな躍動感を感じさせてくれます。③は、友人の桃ちゃんと田中里奈ちゃんが誕生日プレゼントでくれた皿とランチョンマットで、皿のフチのブルーのラインとランチョンマットのブルーの構成がきれいでグラフィカルに料理を引き立ててくれるんです。

CHAPTER 5

ナットウフ朝食応用編

ここまでいろいろなナットウフの作り方を紹介してきましたが、まだまだあります。ソース味が食べたくなったらナットウフお好み焼き、熱々チーズ味が食べたくなったらナットウフグラタン、冷蔵庫にウニがあったらナットウフ軍艦巻き、簡単でヘルシーなナットウフサラダなんかもできちゃいます。作り方のルールなんて一切ありません。楽しんでいろんなナットウフ朝食を作ってみてください。

ナットウフお好み焼き Nattofu Pancake

　朝突然、口のなかがソース味を求めることがありませんか？ 僕はあります！ そうしたら、迷わずナットウフお好み焼きを選択します。基本、小麦粉のつなぎは入れないで卵と豆腐を混ぜたものを生地に使うのでひっくり返す時に崩れやすい。というか必ずのように崩れます。まぁ、その辺も気にせずバラバラになった生地を寄せ集めて焼いちゃってください。上からソースやマヨネーズをきれいにかけると見た目は本格的なお好み焼きに見えますから。

ひきわり納豆と豆乳と卵を混ぜてお好み焼き。最初にピザ用チーズをフライパンで焼いてその上にタネのせて焼いたら小麦粉のつなぎ入れなくても崩れずきれいに焼けた。仕上げにお好みソースとマヨネーズと青海苔。ふわふわ旨い！

CHAPTER 5　ナットウフ朝食応用編

クックパッドの「小麦粉なし☆豆腐のふわふわお好み焼き」のレシピを、キャベツを白菜にしてひきわり納豆入れて卵をのせるというアレンジして。旨ーい！ 柔らかいからひっくり返すの難しいので豚バラとか引くといいんだろうけど

この前のお好み焼き風が美味しかったけど円状にまとめるのが難しかったので、黄身をつぶした目玉焼き2個で納豆と豆腐をグチュグチュに混ぜたものを巻いてイカ焼き風。めっちゃ旨〜

納豆と豆腐をグチュグチュに混ぜたものを2枚の目玉焼きで包んでお好み焼き風。これホントめちゃ旨！

CHAPTER 5

ナットウフ朝食応用編

納豆と豆腐と卵とキャベツとねぎのお好み焼き風。小麦粉入ってないから形がまとまらなくて大変だったけど、味はめちゃ旨！キャベツがいい！

昨日の冷しゃぶと千切りキャベツが残っていたので、豆乳と卵をつなぎにお好み焼き風。食べて気づいたんだけど、納豆入れ忘れたので、ナットウフじゃなかった…(笑)

卵に少し片栗粉と納豆とねぎで、お好み焼き。めっちゃ旨い。ソースとマヨネーズかけたらたいてい旨いんだけど

ナットウフグラタン Nattofu Gratin

とにかく、「バルミューダ ザ・トースター」が神！焼きあがりが素晴らしい！

グラタン皿に生卵と豆腐を直接入れて粗めにグチュグチュに豆腐をくずして、醤油を回しかけて、その上にタレを混ぜた納豆を敷き詰めて、その上にピザ用とろけるチーズをまんべんなく敷き詰めて、あとはトースターに入れて焼くだけ。さらにゆで卵や明太子をのせて焼いたりと、アレンジも楽しいです。

パンを焼く時は5ccの水を入れるのですが、グラタンの時は入れません。僕は、1300wで8分間焼くことが多いです。

グラタン皿に豆腐と生卵混ぜて醤油入れて納豆のせてタレかけてピザ用チーズかけて燻製卵のせて「バルミューダ ザ・トースター」で焼いてグラタンに。燻製卵がいいね〜

納豆と豆腐と卵とチーズのグラタンをクックパッドのレシピで「バルミューダ ザ・トースター」で。これ、めっちゃくちゃ旨い！！！ナットウフ朝食史上トップクラスの美味しさ！

クックパッドレシピで、グラタン皿に卵溶いて醤油入れて豆腐崩して混ぜてタレ混ぜた納豆のせてチーズかけてオリジナルでマヨネーズかけて「バルミューダ ザ・トースター」で焼くナットウフグラタン。簡単で超旨いんです！

昨日に引き続き、ナットウフグラタンを「バルミューダ ザ・トースター」で。今日は目玉焼きバージョン。まいう～

CHAPTER 5

ナットウフ朝食応用編

グラタン皿に豆腐と生卵醤油グチャグチャの上に納豆とツナとマヨ納豆タレ混ぜのせてピザ用チーズかけて半熟卵埋め込んで「バルミューダ ザ・トースター」で焼く。旨いし腹持ちいいんだよなぁ

グラタン皿に豆腐と生卵と納豆グチャグチャに醤油と納豆タレで混ぜてピザ用チーズのせて小倉で買ってきた「亀甲屋」の明太子のせてマヨネーズかけて「バルミューダ ザ・トースター」で1300wで8分。激旨です！

グラタン皿に豆腐と生卵醤油グチャグチャの上に納豆と納豆タレ混ぜてピザ用チーズのせて「バルミューダ ザ・トースター」で焼いて、LAで買ってきたトリュフマヨネーズかけて。このマヨめーっちゃ旨い！ フレンチみたいになる！

ナットウフ軍艦巻き
Nattofu Gunkan Roll

昨日、一昨日が寿司だったので、そのイメージで、納豆軍艦巻き、うに風(卵の黄身)軍艦巻き、山芋九条ネギ軍艦巻き。シャリの代わりの豆腐を海苔で巻いて。まいう〜

豆腐をシャリにして、納豆、ウズラの卵、うに、ツナマヨの軍艦巻き。寿司好きにはたまりません!

ナットウフサラダ
Nattofu Salad

CHAPTER 5

ナットウフ朝食応用編

マヨ納豆マヨ卵豆腐サラダ。
まいう〜

納豆とゆで卵と豆腐のサラ
ダ。さわやかに旨い！

豆腐レタスサラダに昨日も
らった「カルディ」のパクチー
ドレッシングたっぷりで、最
高パクチャー！　納豆チー
ズオムレツも旨ーっ！

そのほかのナットウフ　Other Nattofu

　応用ナットウフは、クレープナットウフ、スペイン風オムレツナットウフ……なんでもアリなので、いろんな料理とのコラボナットウフを創造してみてください。

マヨ納豆の卵と豆乳のクレープ包み。フレンチ風です

CHAPTER | 5

ナットウフ朝食応用編

ブロック状の手作りツナと納豆と釜揚げシラスと卵に豆乳を混ぜたスペイン風オムレツ。手作りツナそろそろ終わり

時間がなかったので簡単メニュー。納豆を豆乳で混ぜて温泉卵を入れて。旨いなぁ～

「男前豆腐店」の細長い豆腐とハート目玉焼きの上にハート納豆白身で、I♡（アイラブ）

113

COLUMN 11
こだわりの納豆

ここは納豆パラダイス！

昭和36年創業。納豆の製造・販売を行う山梨県の老舗。山に囲まれたおいしい水と吟味された素材を使っている納豆は、大豆の味がしっかり出るように製造されています。

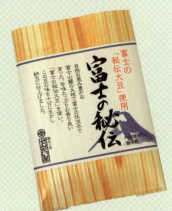

富士の秘伝
せんだい屋一押しにて一番大粒納豆。富士山麓の秘伝大豆を使用し、富士の伏流水で育ったうまみたっぷりで香りのよい納豆が味わえます

昔ながらのわら納豆
品質管理が難しいといわれるわらで包んだ納豆。国産大豆を使用した味わい深さと独特なわらのにおいが楽しめます

北海小粒
しっかりとした大豆の甘みと食感が味わえるせんだい屋を代表する小粒納豆。第12回全国納豆鑑評会にて会長賞受賞。カップタイプもあり

information

せんだい屋 HP　http://www.sendainatto.jp

○せんだい屋 本店
山梨県笛吹市石和町唐柏 585-2　TEL：055-262-1170

○せんだい屋 池尻大橋店
東京都世田谷区池尻 3-20-3 柳盛堂ビル1F　TEL：03-5431-3935

○せんだい屋 下北沢店
東京都世田谷区北沢 3-25-1　TEL：03-3481-2611

※池尻大橋店と下北沢店のみ、イートインもあり

COLUMN 12
こだわりの豆腐

この店が豆腐業界を変えた!!

男くさい独特のネーミングとパッケージが有名。豆腐の味も「クリーミー」といわれるほど濃い大豆の甘みとコクがあり、デザートとしても食べられると評判でファンが多い。

特濃ケンちゃん
特濃な味となめらかさとやわらかさが味わえる。国産大豆を使用

やさしくとろけるケンちゃん
濃い味とやさしくとろけるなめらかな食感。国産大豆を使用

ちょちょいのちょいゆず
ゆずの香りが楽しめる季節限定の冷やっこ

information
男前豆腐店HP　http://otokomae.jp
豆腐ショップで豆腐通販できます

COLUMN 13
こだわりの卵

パッケージデザインがセンスいい!

Kurofuji

1950年から続く自然循環型農法やオーガニックにこだわった農場。山に囲まれた自然環境で放牧されてわき水や有機飼料で育てた鶏だからこそ味わえる高品質な卵が特徴。

リアルオーガニック卵
日本で初となる厳しい基準をクリアした有機JAS認証取得のオーガニック卵

放牧卵
名の通りのびのびと走り回ってBMW技術によって外部ストレスのない生活環境にいる鶏が産んだ濃厚でくさみがない卵

---

information
Kurofuji HP　http://www.kurofuji.com
山梨県甲斐市上芦沢1316　TEL:0120-80-4105
受付時間:月〜土 9:00〜17:00

GUGI'S CHOICE

ナットウフ朝食に
プラスしたい逸品たち

ナットウフ朝食を作るのに、納豆と豆腐と卵と調味料だけでももちろん作れます。ただ、毎日それじゃあ味気ないですよね。そこで活躍するのが、お店で購入したり、お取り寄せしたり、お土産でもらったりしてゲットした調味料やカレースパイスやご飯の友や出汁の素たち。いろいろな食材を組み合わせてナットウフにプラスすれば、365日違うナットウフ朝食を楽しめるんです。

ほぼ日刊イトイ新聞
カレーの恩返し

家で作ったカレーの仕上げに入れるとバツグンに美味しくなるのですが、豆腐、納豆、卵、なにかけても美味しいカレー味の食べ物になってしまう魔法の粉です。

カレーの恩返し HP　https://www.1101.com/store/curryspice

groovy nuts
ベーコンスモークドナッツ

香りも味も美味しくて、さらにヘルシーなのでちょっと小腹が減った時によく食べてます。ベーコンをスモークした香りが強いので、ナットウフ朝食の味付けにもなりますし、納豆や豆腐や卵のやわらかい食感に固い食感がいいアクセントになります。

groovy nuts HP　http://groovynuts.shop-pro.jp

久原本家 茅乃舎
生七味

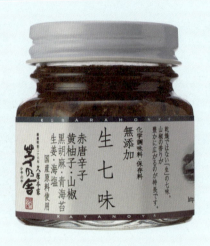

ここの出汁がめちゃくちゃ美味しくてファンなのですが、この生七味がまた絶品！ 特に、味噌汁とかスープものに溶かすと、その香りで美味しさマシマシです。

久原本家 総合通販サイト　http://www.k-shop.co.jp

石垣島ゴーヤカンパニー
島唐辛子 燻製一味

 気づくと僕は燻製ものが好きらしい。いや、大好きです(笑)。そして辛いものも好きなので、この一味は両方楽しめちゃうので最強ですよ。

石垣島ゴーヤカンパニー HP
http://58shop.jp

原了郭
黒七味

 いまや誰もが知っているここの黒七味は、和食だけでなく最近ではラーメン屋でも置いている店があるほど人気ですね。ナットウフ朝食にかけるだけで上質な料理になっちゃうからものすごく頼りになります。

祇園 原了郭 HP
http://www.hararyoukaku.co.jp

solco
700あっちゃんの紅塩、704笹の雫

Photo by
Takaya Kunikane

会社のスタッフから誕生日プレゼントでもらったのですが、塩なのに色が鮮やかなので、豆腐という白いキャンバスの上でめちゃくちゃ映えるのです。

solco HP　http://www.solco.co

※基本は店舗での味を見ていただいた上での販売で、通販はメールやお電話でのやり取りと事前振り込みのみの配送で対応しております。

レアスウィート
レアシュガースウィート(希少糖)

仕事仲間の岡田知之さんにいただきました。ナットウフ朝食はせっかく炭水化物を抑えているのに、砂糖を使うのは気が引けてたのですが、これがあれば甘い卵焼きも気にせず作れてハッピーです。

レアスウィート HP　http://www.raresweet.co.jp

なかむらうどん
なかむらうどんの釜玉、醤油うどんの醤油

香川でうどんツアーした時にこちらに行って、釜玉うどんにかけて食べたらあまりにも美味しいので、これはナットウフ朝食の卵に合うに違いないと買ってきたのですが、結果は言うまでもありません。

なかむらうどん HP　http://www.nakamura-udon.net

タイの台所
パクチードレッシング

パクチー好きなので、パクチーがなくてもこのドレッシングをかけるだけでパクチー味になるなんて、神ドレッシングですよね(笑)。

カルディコーヒーファーム HP　http://www.kaldi.co.jp

佐藤水産
鮭ルイベ漬

札幌に行った帰りに新千歳空港で必ず買って帰ります。そのままはもちろん、ご飯に合いまくりです。豆腐にのせて食べてもなんとも言えない美味しさです。

佐藤水産 HP　http://www.sato-suisan.co.jp/shop

シュマンケルステューベ
ニュールンベルガー Nuernberger Bratwurst

ドイツに仕事に行った時に、仕事仲間のティモに教えてもらってお土産で買って帰ってからファンになりました。ちょっと焦げすぎ？ くらいにカリッカリに焼くと美味しいです。洋風ナットウフの時に最高です。

シュマンケルステューベ HP　http://www.schmankerl-stube.com

東洋水産
マルちゃん正麺　味噌味

この商品のパッケージデザインをやっているのでヘビロテで食べてます。前日の夜に鍋のシメで麺だけを食べた翌朝、スープが残っていることに気づきナットウフ朝食に使ってみたら、味噌汁とも違う味噌スープがたまらなく美味しかったです。

東洋水産 HP　http://www.maruchan.co.jp

カコイ食品
五島の味　あごスープ

近所のスーパーでパッケージを見て美味しそうだと感じたので買ってみました。本当に簡単に本格的な味になっちゃうので初めてこの出汁を飲んだ時は驚きました。

カコイ食品 HP　http://www.kakoi-foods.co.jp

おわりに

　ナットウフ朝食は、本当〜になんとな〜く始めたので、それが本になるなんて吃驚です。改めてまとめてみて、この本に載せたナットウフだけでも150ありますから、塵も積もればなんとやらで、コツコツやればカタチになるものだと感慨深いです(笑)。各ナットウフの近くにある文章は、インスタグラムでつぶやいた時の文章なのですが、読み直してみると、「旨い!」「旨〜」「旨いな〜」「まいう〜」ばっかりで、ボキャブラリーの少なさにビビりました。テレビの食レポとか絶対にできないと確信した次第です。まぁ、そんな話なんて僕にはきませんけどね(笑)。あと、レシピ的なものをよく読むと、豆腐入れ忘れてたりして全然ナットウフじゃないものもあったりして適当ですね。でも、そんなゆるさでやってきたので続けられたんだと思います。本気でダイエットでこれをやろうと思ったら、ソースとかマヨネーズとか使わないですし。サブタイトルの「せめて朝だけは糖質をおさえようか」の「せめて」も自分にとっては重要で、昼はラーメンとかカレーとか食べたいし……夜は寿司食べたいし……というところからの「せめて」なんです。

　20年ほど前に雑誌『warp』が創刊する時の広告を勝新太郎さんでやらせてもらい、その後関わらせてもらった周年広告では、荒木経惟さん、萩原健一さん、壇蜜さんを起用するなど思いっきりのいいことをいつもやらせてくれるトランスワールドジャパンの佐野裕社長から、「あの、具義がいつもインスタで上げてる納豆と豆腐のやつ、本にしたらおもしろいんじゃない?」と声をかけてもらったことから、この本が実現しました。いつもこちらが予測もしていなかったことをヒョイっと言ってくれて、普通は実現できないようなことも実現させてくれるので、本当に感謝しています。そして、担当編集者の喜多布由子さんは、本の企画のスタートから、どういう構成にするか、どういう要素を入れれば読者が興味を持つかなど、ガッツリ取り組んでくれました。食関連の本を出すのは初めてだったので、心強かったです。自分はこの本の著者

でありながら、アートディレクターでもあるので、デザイン部分もかなりしつこく修正を入れちゃったのですが、文句も言わず何回も何回も修正してくれたデイリーフレッシュのデザイナーの長谷部果菜子さん、中村友理子さん、おつかれさまでした。美味しいお店や料理のことを表現させたら、いまでは日本一だと思って尊敬しているアンジャッシュの渡部建さんは、忙しいにもかかわらず帯のコメントを書くことを快く引き受けてくれて、その的確なコメントがこの本に載っている料理を美味しそうに引き立ててくれたと思っています。桃ちゃんと田中里奈ちゃんはグルメ仲間でよくいろいろなものを食べに行って楽しく話し合える仲なので、対談もおもしろいものになったと思いますし、ふたりのすごい存在感で、この本にかわいい女子パワーを与えてくれました。対談は当初は巻末に入れる予定でしたが、すごくいい対談になったので巻頭に持ってきちゃいました。あと、絶えず冷蔵庫に納豆と豆腐と卵を補充してくれている妻のゆかりにも感謝です。みなさん、本当に、ありがとうございました。

　この本を手にとっていただいたみなさんも、ありがとうございます。読むだけでなく、ぜひ、ナットウフ朝食（ナットウフ夜食でもいいですが）を作って、インスタグラムなどのSNSにアップしてみてください。その時は、ハッシュタグ「#ナットウフ朝食」を必ずつけてくださいね。

2016年4月吉日　秋山具義

アリガトウフゴザイマメシタ。

秋山具義　Gugi Akiyama

アートディレクター
1966年　東京秋葉原生まれ。1990年 日本大学藝術学部卒業。
1990年 I&S（現I&S BBDO）入社。1999年 デイリーフレッシュ設立。
広告、パッケージ、装丁、写真集、CDジャケット、キャラクターデザイン
などの幅広い分野でアートディレクションを行う。広告界きってのグルメと
しても有名で、イタリアンバル中目黒『MARTE』のプロデュースも手がける。

Twitter　▶ @gugitter
Instagram　▶ gugitter

秋山具義の#ナットウフ朝食
せめて朝だけは糖質をおさえようか

2016年5月26日　初版第1刷発行

著者	秋山具義
発行人	佐野 裕
発行	トランスワールドジャパン株式会社 〒150-0001 東京都渋谷区神宮前6-34-15 モンターナビル Tel：03-5778-8599　Fax：03-5778-8743
印刷・製本	日経印刷株式会社

Printed in Japan
©Gugi Akiyama, Transworld Japan Inc. 2016

© Office710 / MIRIM (P22)

定価はカバーに表示されています。
本書の全部または一部を、著作権法で認められた範囲を超えて
無断で複写、複製、転載、あるいはデジタル化を禁じます。
乱丁・落丁本は小社送料負担にてお取り替え致します。

ISBN 978-4-86256-179-2

Staff
料理制作・撮影　　秋山具義
アートディレクション　秋山具義（Dairy Fresh）
デザイン　　長谷部果菜子／中村友理子（Dairy Fresh）
イラスト　　小田原愛美
編集　　喜多布由子